VÉRITABLE

DERNIER COUCHER

DE

MONSEIGNEUR LE DUC DE BERRY.

IMPRIMERIE D'ANT. BERAUD,

Rue St.-Denis, n°. 374.

VÉRITABLE
DERNIER COUCHER

DE

MONSEIGNEUR LE DUC DE BERRY,

Le 13 Février 1820;

Suivi d'événements importans, authentiques et inédits, communiqués par l'un des médecins appelés a donner ses soins a son altesse royale; et par Duriez, tapissier, qui a fourni le coucher du prince;

Rédigé par L.-A. PITOU,

Auteur du *Voyage à Cayenne*, de l'*Urne des Stuarts et des Bourbons*, etc.

A PARIS,

Chez { DURIEZ, tapissier, rue Rameau, n°. 6; Louis-Ange PITOU, libraire, rue de Lully, n°. 1, derrière l'Opéra.

1820.

VÉRITABLE

DERNIER COUCHER

DE

MONSEIGNEUR LE DUC DE BERRY,

Le 13 Février 1820.

———

Dᴇᴘᴜɪꜱ le 13 février 1820, nuit fatale de l'assassinat de Monseigneur le Duc de Berry, la salle de l'Opéra n'a pas été rouverte : il paraît qu'elle est fermée pour toujours. Différents plans ont été proposés : les uns désirent que le bâtiment soit rasé et remplacé par un monument élevé au Martyr ; d'autres proposent d'en faire un hospice ou une chapelle dédiée à Saint-Charles. On dit aussi que le nouveau bâtiment de la Bourse, à moitié construit dans la rue des filles Saint-Thomas, deviendra la salle de l'Académie de musique, et l'ancien théâtre servirait pour la Bourse. Nous ne savons rien de positif ; mais on croit assez généralement que le local qui a reçu le sang d'un Bourbon, ne servira plus aux jeux scéniques.

Depuis cette fatale nuit, chacun se porte sur les lieux, et les étrangers entrent chez toutes les personnes du voisinage et des alentours, et se font conduire précisément à l'endroit, afin de pouvoir dire en retournant chez eux : *J'ai vu le local.* Après la publication de cet écrit, plusieurs iront peut-être, chez M. Duriez, tapissier, demeurant rue Rameau, n° 6, pour y voir le lit funèbre et ensanglanté, sur lequel S. A. R. Monseigneur le Duc de Berry a rendu le dernier soupir. Il sera possible même que de pieux royalistes, en faisant le tour de l'Opéra, entrent dans mon domicile situé rue de Lully, n° 1, à cinquante pas du lieu de la catastrophe : je leur représenterai le traversin qui a été l'écho du dernier soupir du Prince, il porte le cachet du Martyr. Ce monument est chez *l'auteur de l'Urne des Stuarts et des Bourbons ; des prières aux tombeaux des Martyrs de cette famille, moissonnés par la Révolution* (1).

---

(1) 1°. *Urne des Stuarts et des Bourbons,* 1 vol. in-8°. fig. 7 fr.

2°. *Prières aux tombeaux des Bourbons moissonnés par la révolution.* 50 c.

(7)

Monsieur *Hapdé*, auteur de la *Relation historique, heure par heure, des événements funèbres de la nuit du* 13 *février* 1820, me fournit,
en peu de mots, une préface et une introduction
très-suffisantes pour mettre au fait le lecteur le
moins avisé. L'ouvrage de monsieur Hapdé est à
sa troisième édition : dans la première, la note
suivante se trouvait à la page 12 ; dans celle-ci
elle est à la page 17.

« *Un lit de sangle est dressé à la hâte ; le*
» *destin a par fois des jeux cruellement bi-*
» *zarres ; le coucher sur lequel S. A. R. a*
» *été placée, est le même sur lequel elle reposa*
» *à l'époque de son arrivée en France. Mon-*
» *sieur Grandsire habitait alors Cherbourg,*
» *où il remplissait les fonctions de garde-ma-*
» *gasin de la marine, et fut le premier Fran-*
» *çais que le Prince embrassa au moment de*
» *son débarquement. M. le Préfet n'ayant*
» *point eu le temps de se procurer tout le mo-*
» *bilier nécessaire pour recevoir S. A. R. et*
» *sa suite, invita M. Grandsire à lui prêter*

3°. *Procès-verbal de l'exhumation de Monseigneur
le Duc d'Enghien, ordonnée par le Roi.* 50 c.

4°. *Analise de mes malheurs et de mes persécutions
depuis* 27 *ans*, in-8°. 1 fr. 25 c.

(8)

» *divers objets qu'il venait de recevoir de la*
» *capitale, et, entre autres choses, un lit neuf*
» *et complet. M. Grandsire, aujourd'hui se-*
» *crétaire-général de l'Opéra, avait fait trans-*
» *porter ce lit à Paris avec ses autres meubles:*
« *Le sort a voulu que M. Grandsire, qui loge*
« *à l'Opéra, prêtât les mêmes matelas pour*
« *le Prince, et que le Prince y rendît le der-*
» *nier soupir.* »

Cette narration (comme on le verra) est
fidèlement résumée du n° de l'*Indépendant,*
du 15 février 1820 , et de la lettre de M.
Grandsire , insérée dans le *Journal des Débats,*
du 17 du même mois.

Extrait du même ouvrage, page 49, 3ᵉ édition.

Note supplémentaire (qui ne se trouve pas
dans la première édition).

« *Ce fut encore le docteur Lacroix-La-*
« *combe qui, vers minuit,* (L'auteur se
» trompe, c'était à onze heures vingt minutes.)
» *jugeant la position du Prince, assis dans un*
» *fauteuil,* (c'était sur un carreau de canapé)
» *nuisible à son état, courut, accompagné*
» *de deux valets de pied, nommés* GÉRARD
» *et* FÉRON, *chercher un lit de sangle chez*
« *le sieur Duriez, tapissier, rue Rameau.* »
Ces deux notes , qui sont à trente pages l'une

de l'autre, devraient être fondues ensemble, et faire partie du texte. M. Hapdé a trop de goût pour admettre en tout point et de bonne foi le motif qu'il inscrit en tête des notes supplémentaires, rejetées à la fin de sa brochure.

Pour ne point ralentir la marche des événements, dit-il, page 45 de sa troisième édition, *différents détails ont été transportés ici.* L'auteur a refondu son texte : chaque fait devait donc reprendre sa série ; mais alors il eût fallu préciser l'heure de l'arrivée de chacun, comme M. Duriez a marqué celle de son entrée et de sa sortie.

M. Hapdé, dans les trois éditions de sa *Relation historique, heure par heure, des événements de la nuit du* 13 *février* 1820, fixe l'arrivée de M. le Comte de Pradel et de M. Grandsire, entre minuit et une heure. M. Duriez est arrivé entre onze heures vingt-cinq minutes et onze heures et demie. Par grâce, on accorde à ce dernier *d'avoir fourni un lit de sangle*; et, si on doit croire au témoignage de M. le le docteur Lacroix-Lacombe, qui est venu chercher le coucher complet, avec les valets de pied Gérard et Féron, qui disent la même chose, *ce lit de sangle* aurait été apporté au plus tard à onze heures et demie; mais ce coucher n'aurait donc été fait qu'après minuit, parce que M. Grandsire ne se trouvait pas là. On a été même jusqu'à dire que les matelas qui servent dans le ballet de Psiché, étaient ceux qu'on avait apportés pour le Prince. Le sieur Raymond, qui n'a pas quitté Son Altesse Royale, causant avec M. Duriez du coucher qu'il avait fourni, lui demanda s'il savait à qui appartenait un lit de plume cordé et ficelé, gris, sale et flasque, qui se trouvait là, qu'on avait jugé d'abord devoir servir à exhausser les matelas mais qu'ensuite on a constamment laissé de côté dans un coin ? Malgré ces faits authentiques, M. *Duriez n'a fourni, dit-on, qu'un lit de sangle*, quoiqu'il ait apporté un coucher complet ; et, malgré l'urgence du moment, il a fallu attendre, une heure entière, que M. Grandsire arrivât et *mit tout en usage pour tirer ou faire tirer des matelas de son lit.* Ces rapprochemens sont textuellement extraits de la brochure de M. Hapdé. Nous savons avec quelle précaution cet auteur s'est assuré des faits. *Des témoins oculaires*, dit-il à la quatrième page de sa relation, (troisième édition, dans un article intitulé *Note importante*), *des personnes depuis longtemps attachées au Prince, plusieurs autres qui ne l'ont pas quitté dans ses derniers mo-*

momens et des médecins qui ont prodigué à S. A. R. tous les secours de l'art, m'ont fourni ces détails.

M. Hapdé venait d'apporter à une de *ces personnes* dont il parle, et qui figure dans son ouvrage, un exemplaire de cette troisième édition; on lui fit sur sa note additionnelle du *lit de sangle* de M. Duriez les mêmes observations qu'on vient de lire. On alla même jusqu'à lui demander pourquoi la vérité était ainsi étranglée ? J'entrai chez cette même personne lorsque l'auteur venait d'en sortir : je n'ai point entendu la réponse qu'il fit; je la sais peut-être, mais le lecteur n'aura pas de peine à la deviner.

Moi, Auguste-Benoît Duriez, tapissier, rue Rameau, n. 6, à Paris, de concert avec mes voisins et autres personnes à qui j'ai représenté le lit de sangle, les deux matelas, le traversin, les couvertures et les draps, formant le lit sur lequel feu S. A. R. Monseigneur le Duc de Berry est mort le 14 février 1820, à six heures et demie du matin, dans la salle de l'administration de l'Opéra,

J'ai prié M. Louis-Ange Pitou, libraire,

demeurant à Paris, rue de Lully, n. 1, derrière l'Opéra, de vouloir bien rédiger les faits relatifs à la fourniture faite par moi, le 13 février 1820, à onze heures vingt minutes du soir, dudit meuble, ensemble des autres effets, qui ont été pris chez moi par M. le docteur Lacroix, accompagné des sieurs Gérard et Féron, attachés au service des Princes, m'en référant pour les détails et la preuve desdits faits, au certificat de M. le docteur Lacroix, ensemble à la lettre adressée en mon nom, et par mon aveu, à M. Grandsire, approuvant et signant ladite lettre et toutes les autres pièces.

Pour donner à M. Pitou une preuve de ma confiance, et lui céder un monument, je lui abandonne le traversin sur lequel l'auguste Victime a rendu le dernier soupir.

Comme une autre personne s'est approprié le mérite d'une action que j'ai faite par amour et sans intérêt; désirant que la vérité triomphe, que mes intentions soient connues aujourd'hui du Roi, des Princes et de la France entière; craignant que ma voix ne soit étouffée, comme elle l'a été jusqu'à ce jour, je prie M. Pitou de vouloir bien se charger de faire imprimer de suite les pièces suivantes :

(13)

1.º L'exposé des faits adressé au Roi ;

2º. L'extrait des journaux ;

3º. Ma lettre à M. Grandsire ;

4º. Mon exposé des faits commençant par ces mots : *Les Journaux publient*, et finissant par ceux-ci : *De cette famille trop bonne et trop souvent trompée;*

5º. Le certificat de M. le docteur Lacroix :

De faire imprimer cesdites pièces avant de faire remettre au Roi et aux Princes les originaux, afin que, par ce moyen, je sois à même de faire connaître la vérité outragée au détriment de mon honneur et de mon attachement à la Maison de Bourbon.

1er. mars 1820.

Signé DURIEZ, tapissier, rue Rameau, nº. 6.

A S. M. LOUIS XVIII.

SIRE,

C'est au pied du lit sur lequel votre auguste Neveu a expiré, que je trace à Votre Majesté la spéculation faite le jour et à l'instant même du décès du Prince, par l'intrigue exploitant à son profit cette dépouille, au détriment de celui qui a fourni au Martyr *son dernier coucher*.

J'écris en présence du possesseur de ce précieux monument; j'écris sous sa dictée et sur la déclaration précise et positive de M. Lacroix-Lacombe, l'un des médecins appelés au moment de la catastrophe, et qui n'a pas quitté le Prince un instant; qui est venu chercher lui-même le coucher; qui l'a porté à l'Opéra avec M. Duriez qui le fournissait, avec MM. Gérard et Féron, attachés au service des Princes; qui a fait ce lit avec ces mêmes personnes qui lui ont aidé à mettre le malade dans ce même lit, dressé dans la salle de l'Administration de l'Opéra.

SIRE, Votre Majesté, en m'honorant, en 1818, du précieux médailler de son règne, m'imposa, par ce monument, l'obligation religieuse et morale de lui tracer la vérité et rien que la vérité dans un récit aussi important que celui-ci.

SIRE, j'ai vu, j'ai touché ce lit funèbre sur lequel le Prince a édifié la France par sa mort angélique; j'ai acquis le traversin qui soutenait la tête du Martyr : c'est l'écho de son dernier soupir; c'est de ce point que s'est élancée, dans le sein de son créateur, cette âme épurée par la douleur et la résignation, cette âme qui, réunie à votre auguste Frère, à son Epouse et aux autres Victimes, prie en ce moment pour Votre

Majesté,

Majesté, pour votre Famille, pour la France et pour ses bourreaux.

Sire, Votre Majesté a lu ce que M. Grandsire a communiqué au *Journal de l'Indépendant*, le 14 février, et la lettre confirmative écrite par lui-même et insérée au *Journal des Débats*, du 17 février 1820.

Afin de mettre Votre Majesté et tout lecteur au fait, j'ai classé en tête de ces pièces, ces deux articles, et un troisième, extrait de la *Quotidienne*, du 3 mars.

« Il en résulte que M. Grandsire s'est donné
» le mérite d'avoir fourni, suivant son expres-
» sion, *le premier et le dernier coucher de*
» *Monseigneur le Duc de Berry ;* qu'en ré-
» compense de son zèle et de ses services,
» M. Grandsire a reçu une boîte d'or de S. A. R.
» Madame la Duchesse de Berry, et ensuite
» (sans l'avoir sollicitée) une pension de 1,000 f.
» réversible sur la tête de son épouse ».

A M. Grandsire une pension de 1,000 *fr.*
sans qu'il l'ait sollicitée ! ...... O mon Roi !

un de vos serviteurs (Pierre Molette), qui m'est connu à plus d'un titre (et le Ministère de la Maison de Votre Majesté possède de très-amples détails sur ce point) dont je publierai bientôt l'incroyable dévouement : Pierre Molette, l'un des prisonniers de la Haute-Cour d'Orléans, conduit à Versailles le 9 septembre 1792, frappé d'un coup de feu qui lui perce le cou de part en part, atteint de soixante-cinq coups de piques, laissé pour mort, sauvé miraculeusement et guéri par le célèbre Desault ; après avoir opéré bien d'autres miracles pour la défense de la Maison de Bourbon, aujourd'hui relégué dans une masure à quatre-vingt-douze lieues de Paris, sollicitait, par mon entremise, la bienveillance de Votre Majesté : il me fut répondu officiellement, le 3 février 1820, *qu'on n'avait encore rien pu faire pour M. Pierre Molette* (1).

Sire, Votre Majesté va voir par les preuves

---

(1) Quelque soit l'importance de cette note , et des suivantes, je suis forcé, contre mon usage, de les reporter toutes à la fin.

authentiques ci-jointes, que M. Grandsire n'a rien fourni du coucher du malheureux Duc de Berry ; que le tapissier Duriez, chez qui M. le docteur Lacroix a été chercher ce coucher, a été abreuvé d'amertumes jusqu'au 23 février qu'il a reçu une première lettre de consolation. Que ce brave Duriez a attendu patiemment, pendant un mois, pour laisser à M. Grandsire le moyen de rendre, de son chef, témoignage à la vérité.

Aujourd'hui même, M. Duriez attend encore pour savoir ce qu'est devenu un bol qu'il a prêté. Ce vase a servi au malade dans ses momens de convulsions, lorsque MM. Lacroix, Féron, Gérard et Raymond soutenaient S. A. R. dans leurs bras. Ce bol avait peu de valeur en lui-même, mais il est d'un prix infini depuis qu'il a servi à la Victime. L'Administration de l'Opéra ayant rendu les autres effets à M. Duriez, celui-ci a toujours attendu, pour s'expliquer, qu'on terminât avec lui en lui faisant savoir par écrit ce qu'on avait fait de ce dernier objet.

*

Sire, la lettre que j'adresse à M. le secrétaire-général de l'Opéra, est l'expression de M. Duriez et de ses voisins. Votre Majesté y trouvera quelques détails qui m'ont paru dignes de l'attention du Père et de l'Oncle du Martyr.

J'ai l'honneur d'être, avec un très-profond respect,

Sire,

de Votre Majesté,

le très-humble et très-obéissant serviteur,

L. A. PITOU.

Paris, 8 mars 1820.

Extrait de l'Indépendant. *Mardi*, 15 *février* 1820, *article* Paris, 14 *du même mois.*

La famille royale est dans les larmes. Le rédacteur, après avoir rendu compte de l'assassinat de Monseigneur le duc de Berry, continue ainsi :

« Le Prince qui croyait d'abord n'avoir reçu
» qu'un coup de poing, en portant la main à l'en-
» droit de la douleur, sent l'instrument meur-
» trier qui était resté dans la plaie, et avait péné-
» tré environ trois pouces ; il arrache le fer, et
» le sang jaillit jusque sur la duchesse de Berry,
» qui pousse des cris déchirans. *On place*
» *le Prince sur des matelas qu'on tire à la*
» *hâte du lit de M. Grandsire, secrétaire-gé-*
» *néral.....*

» S. A. R. le duc de Berry, débarqua, en 1814,
» au port de Cherbourg. Il embrassa, avec en-
» thousiasme, le premier Francais qu'il rencon-
» tra sur la jetée, en criant *France !* C'était
» M. Grandsire, alors garde-magasin de la ma-
» rine, et aujourd'hui secrétaire-général de l'A-
» cadémie Royale de musique. Il offrit son ap-
» partement au Prince, qui l'accepta, y logea,
» et y coucha pendant son séjour à Cherbourg.

» *Le même M. Grandsire a rendu au duc de*
» *Berry le douloureux office de lui prêter, à*
» *ses derniers momens, les matelas sur les-*
» *quels il avait couché à Cherbourg, et le*
» *Prince infortuné a embrassé, en mourant, le*
» *premier Français qu'il avait pressé contre*
» *son cœur en touchant le sol de la patrie.* »

———

Extrait du journal des Débats, *du jeudi,*
17 *février* 1820.

*Réponse de M. Grandsire à l'*Indépendant.

Paris, le 15 février 1820.

« MONSIEUR,

» Je lis dans *l'Indépendant*, l'étonnant rap-
» prochement du premier et du dernier cou-
» cher sur lequel reposa, depuis son retour en
» France, Monseigneur le duc de Berry.

» Le commencement du récit est vrai; il est
tel que je l'ai dit hier à l'Opéra, tel que le fait
» était connu depuis long-temps de beaucoup
» de personnes. Mais ce n'est pas chez moi,
» c'est chez l'estimable baron de Molini, alors
» préfet maritime à Cherbourg, que coucha le
» Prince : et cela devait être ainsi.

» Monsieur le Préfet n'ayant point assez de
» meubles pour recevoir, comme il le désirait,

» le Duc et sa suite, je venais d'en faire arriver
» de Paris : il me pria de les lui prêter, et en
» garnit l'appartement qu'occupa le duc de
» Berry.

» En mourant, ce Prince infortuné ne m'a
» pas embrassé, comme il le fit effectivement,
» lorsque, touchant le sol désiré de la patrie, il
» s'écria : *France !* me pressa dans ses bras,
» couvrit mes joues de pieuses larmes d'atten-
» drissement. Mais aussitôt que le Roi et la fa-
» mille royale se furent retirés après avoir
» baisé une dernière fois les restes du Prince,
» les spectateurs, baignés de pleurs, embrassé-
» rent, à leur tour, la déplorable victime ; et
» moi, par un sentiment respectueux et irrésis-
» tible d'imitation ; et, de plus, portant au fond
» du cœur un souvenir unique, je rendis à M. le
« duc de Berry, à qui je n'avais parlé qu'une
» seule fois, le baiser et les larmes que j'en avais
» reçus six ans auparavant.

» Si j'entre dans ces détails, Monsieur, c'est que
» je m'y trouve réellement forcé par la publicité
» donnée à un fait dont on a, sans le vouloir,
» altéré quelques circonstances : c'est qu'il faut
» conserver à M. le baron de Molini, l'honneur
» d'avoir eu, le premier, le Prince que pleure
» aujourd'hui la France. Loin de moi l'idée d'oc-

» cuper le public d'une action où je puisse être
» nommé. Ah! si j'avais à rendre compte de cette
» horrible nuit ; si je pouvais trouver la force
» d'en tracer les heures douloureuses , ce n'est
» pas un *bizarre effet du hazard* , ce n'est pas
» un *insignifiant caprice du sort* , que je croi-
» rais devoir révéler ; c'est l'héroïque fermeté du
» Prince dans ses angoisses ; c'est son vœu cons-
» tant de grâce , qu'il a répété au milieu des
» plus affreuses souffrances ; c'est cette même
» grâce qu'il sollicita de nouveau à l'arrivée du
» Roi ; c'est ce dernier effort de bonté religieuse,
» dans lequel il épuisa les restes de sa vie ; c'est
» le spectacle d'une famille qui s'adore ; c'est ce
» concours général de sanglots , que je ferais
» connaître d'un bout de la France à l'autre ;
» c'est la force , plus qu'humaine , de la duchesse
» de Berry , ses caresses à son mari , ses exhorta-
» tions , son désespoir enfin , que j'offrirais aux
» regards....

» Hommes de toutes les opinions , Français
» coupables ou égarés , que n'étiez-vous à ce lit
» de mort ! vos haines se seraient éteintes , et vos
» erreurs dissipées pour jamais ! »

J'ai l'honneur d'être etc.

GRANDSIRE ,

Secrétaire-général de l'Acad. Royale de musique.

Extrait de la Quotidienne, 3 *mars* 1820.

« Un journal annonce que M. Grandsire, outre
» la boîte d'or qui lui a été envoyée, a obtenu
» une pension de mille francs, réversible sur la
» tête de sa femme. Le fait est exact, mais l'ex-
» pression nous semble peu juste. On pourrait
» en inférer que cette pension, qui a été obte-
» nue, a été *sollicitée ;* et nous rendons trop
» de justice au caractère bien connu de mon-
» sieur Grandsire, pour croire qu'il soit entré
» dans sa pensée de solliciter une récompense.
» Ce qu'il a fait dans la fatale nuit du 13 février,
» lui a été inspiré, et par son devoir comme
» Français, et par ses sentimens comme roya-
» liste. »

A M. GRANDSIRE, sur ces trois articles.

MONSIEUR ,

Je ne vous connais point ; je ne vous ai jamais
vu ; je ne puis donc avoir de préventions ni
pour ni contre vous. La *Quotidienne* me dit
que vous êtes royaliste ; je n'en sais rien ; car

l'habit ne fait pas le moine, et l'opinion n'est souvent qu'un manteau dont on se couvre. Vous avez laissé publier dans tous les journaux, le *singulier* rapprochement du *premier* et du *dernier coucher, en France,* fourni, par vous, à Monseigneur le Duc de Berry, à Cherbourg, en 1814, et, à l'Opéra, dans la nuit funèbre du 13 au 14 février 1820.

J'ai la preuve authentique du contraire pour la nuit du 13 février. Avant de vous la donner, je vous adresse la réponse à la lettre que vous avez écrite au *Journal des Débats* le 15, et qui est insérée dans le n° du 17 février. Je n'ai point entrepris cette réponse de mon chef; je n'ai fait que céder aux vœux des voisins et de la personne dont je vais vous parler. Comme je n'ai jamais attaqué un adversaire sans le prévenir, je vous envoie copie de cette lettre et des preuves ci-jointes, en même temps qu'elles sont remises entre les mains du Roi et des Princes, qui vous ont gratifié d'une boîte d'or pour vous, et d'une pension de mille francs reversible sur la tête de madame votre épouse.

En lisant dans l'*Indépendant* le rapprochement que vous avez fait faire du *premier* et du *dernier coucher* de Monseigneur le Duc de Berry, retranchez donc l'épithète d'*étonnant;*

car ce rapprochement est votre ouvrage, et l'homme cesse d'être modeste quand il trouve *ses œuvres étonnantes.*

Le commencement du récit est vrai ; il est tel que je l'ai fait hier à l'Opéra, dites-vous : *Le commencement de quel récit ?* De celui dans lequel le rédacteur dit *que le Prince a été placé sur des matelas qu'on a tirés à la hâte du lit de M. Grandsire ?* Prononcez donc hardiment ce fait : L'avez vous dit hier, quatorze février 1820, à l'Opera, aussi clairement que l'*Indépendant* l'a écrit, le même jour, dans sa feuille, et presque sous votre dictée ?

Vous connaissez les convenances, monsieur ; Monseigneur le Duc de Berry devait loger chez M. le Préfet plutôt que chez le garde-magasin. M. le préfet n'avait point assez de meubles, vous lui en avez prêtés, et le coucher du Prince vous appartenait. Tant mieux pour vous, monsieur ; vous prêtiez vos meubles, et nous donnions nos cœurs : l'un valait bien l'autre ; mais ce souvenir est un hors-d'œuvre sans le rapprochement *des deux couchers.*

En touchant le sol de France, vous vous trouvâtes le premier sur le rivage , et le Prince vous *embrassa et vous mouilla de pieuses larmes.* Pour un homme mieux meublé qu'un

(28)

Préfet , Monsieur ; cela valait une boîte d'or et une pension de mille francs réversible sur la tête de madame votre épouse.

Vous convenez que, le 14 , S. A. R. ne vous a point embrassé ; mais vous , par imitation, après le départ du Roi et de la famille royale, vous avez embrassé les restes du Prince, comme ont fait les assistans. Je crois, monsieur, que ce n'est point par *imitation*, mais par *inspiration*, que vous aurez rendu au Prince le baiser et les larmes que vous en aviez reçus six ans auparavant. Je suis convaincu de votre *inspiration*; et le trouble qui existait en ce moment, me fait croire qu'une personne qui n'a pas quitté le Prince, et qui a accompagné son corps au Louvre, peut bien n'avoir pas remarqué votre tristesse, vos larmes et votre dernier baiser.

La France entière, moins les régicides et les ultrà-libéraux, envie votre bonheur, monsieur. Si vous eussiez pu donner à quelqu'un *votre souvenir unique*, et nous céder, le 14 février au matin, la place que vous aviez pour embrasser les restes du Prince, ah! monsieur, vous auriez aujourd'hui mille boîtes d'or, et plus d'un million de pensions réversibles sur deux têtes. Cela est incontestable ; puisque

des âmes sensibles et aimantes ont offert en-
vain, à une personne de ma connaissance qui
pouvait les satisfaire, cinquante louis pour
cinquante cheveux du Martyr; mais pas un
Français, consciencieux et royaliste, ne don-
nerait une obole pour avoir votre imagination
inventive. Nourri au milieu des fables et des
dieux infernaux, n'auriez-vous pas, monsieur,
rêvé le rapprochement singulier *du premier et
du dernier coucher de Monseigneur le Duc
de Berry?*

Comme Epiménide dormit soixante ans,
nous vous avons donné près d'un mois pour
vous réveiller sur votre dire dans l'*Indépendant*
du 14 février, confirmé le lendemain, mais
un peu plus énigmatiquement, dans votre lettre
du 15 février, insérée dans le *Journal des
Débats* du 17 du même mois.

Cette transposition de feuille semble, de
votre part, Monsieur, une absence, un écart
d'imagination, ou un commencement de la
léthargie du *Légataire Universel*. En effet,
Monsieur, (mais je ne sais pas si je parle à
l'homme éveillé ou au somnambule), quelqu'un qui, comme vous, a été si bien copié
par l'*Indépendant*, devait, par reconnaissance,
adresser à la même feuille les moyens de recti-

fier ses erreurs involontaires. Auriez-vous entendu dire, par hasard, que les lecteurs de l'*Indépendant* n'étaient pas ceux du *Journal des Débats* ? Alors vous auriez pris le moyen d'occuper tout le monde de votre *invention*.

Vous feignez ensuite d'être *réellement forcé* d'entrer dans des détails pour qu'on ne croie pas que Monseigneur le Duc de Berry vous a embrassé en mourant, comme il *le fit en touchant le sol français à Cherbourg*. Mais ces observations ne sont à leur place que dans l'*Indépendant;* car l'étranger ou l'abonné qui ne voit que l'un ou l'autre de ces deux Journaux, ne vous comprendra pas. Cette transposition est donc un effet de votre léthargie, ou une combinaison pour qu'on ne vous entende qu'à moitié.

Comme le *dernier coucher* vous laisse quelques scrupules, vous en parlez à peine pour nous reporter une seconde fois au passé que vous renouvelez à loisir. En conservant à monsieur le Baron Molini l'honneur d'avoir reçu, le premier, Monseigneur le Duc de Berry, débarquant à Cherbourg, en 1814, vous n'oubliez point les meubles que vous avez prêtés; vous ne voulez pas qu'on vous oublie non plus; mais sans le *dernier coucher*, vous n'étiez plus en scène : pour y rester , il fallait dire au moins que vous n'étiez pas seul acteur dans cette bonne action ; alors il était plus difficile de vous débusquer : mais cette bonne action , partagée avec celui qui l'a faite toute entière , ne vous donnait pas le même résultat.

Je crois bien qu'aujourd'hui *vous serez* sincèrement *fâché d'occuper le public* par notre organe. Je crois également que vous ne réveilleriez pas *ce bizarre effet du hasard , et cet insignifiant caprice du sort* , sur lequel vous ne vous expliquez pas plus clairement ; mais, sans cet heureux rapprochement, votre lettre n'a plus de force ni de sens. Ce *hasard* , que vous présentez comme un *accessoire* , serait le *fonds* et deviendrait le domaine de l'histoire, s'il était celui de la vérité.

La péroraison de votre lettre est un tableau plein d'âme et de vérité ; mais en assistant à la mort angélique du Prince , vous auriez dû profiter de la leçon qu'il donna à l'auditoire , lorsque, prêt à quitter les objets de sa tendresse et les illusions de la grandeur , il fit publiquement les pénibles aveux de ses fautes à celui qui juge les générations. Si vous avez baisé les restes inanimés de ce Martyr, ces restes devaient vous dire : *Tout n'est que vanité dans ce monde; Dieu seul et la vérité sont réels.*

Mais j'aime à croire, Monsieur, que vous aviez donné des ordres pour que votre coucher servît au Prince; j'aime à croire que votre volonté bien positive n'a point été entendue; je suis convaincu du désir sincère que vous formiez d'offrir à S. A. R. ce que vous aviez de plus cher. Il ne suffisait pas ici de vouloir le bien, il fallait l'effectuer au moment même. Vous avez vu dans cette nuit fatale un digne modèle de dévouement. Le docteur Bougon, n'écoutant que son zèle, appliquait des succions répétées, avant qu'on pût appliquer des ventouses au Prince. Que de Français ont désiré en faire autant! mais lui seul a mérité que l'auguste Veuve lui adressât des paroles bien au-dessus de la récompense : *Recevez cette boîte et ce portrait pour vous souvenir de celui que vous avez servi avec tant de courage et d'abandon!*

Un pareil effet, ou tout autre de votre part, eût confondu votre dévouement avec celui de l'Administration; et un étranger n'eût pas mérité ce qui vous est échu; mais la violence du coup justifie suffisamment l'absence de toutes

les

les ressources au milieu de l'abondance de tous les moyens. Il fallait garder le secret: on redoutait un incendie, une révolte, une coalition de conspirateurs dans la salle. Il n'y avait point de troupes ; la Victime ne pouvait être transportée plus loin. Son assassin, séparé d'elle seulement par quelques planches, jouissait de ses sanglots, et, l'oreille au guet, croyait, disait-il, entendre le canon ou le bruit de ses complices qui venaient le délivrer. Ainsi la douleur et l'effroi enchaînaient alors vos bras comme ceux de l'Administration: mais le lendemain, vous pouviez vous recueillir, et ne pas prendre indiscrètement, sur le témoignage de quelques flatteurs, vos vœux pour la réalité. Vous deviez donner au Château la liste des personnes qui avaient été assez heureuses pour porter des secours, ou fournir des effets au Prince.

Vous avez eu grand soin de demander à M. Duriez les marques des effets qu'il réclamait. L'Administration a mis huit jours à faire blanchir le drap teint de sang, qui était au lit du Prince lorsqu'il expira. Au bout de ces huit jours, en faisant porter par votre domestique à M. Duriez, ce drap séché précipitamment, vous allâtes vous-même sur les pas de votre bonne, chez ce brave homme, vous informer si on lui avait bien remis ce même drap qui vous donnait déjà quelqu'inquiétude ; car la fable du *premier et du dernier coucher du Prince* était dans les journaux.

Ensuite l'Administration invite le brave Duriez à ne porter sur les notes qu'il présentera, que les effets qui lui manquent. Je veux croire que ce n'était là qu'une mesure de précaution pour éviter les vols ou les recherches inutiles ; mais M. Duriez marquait sur ses notes les effets rendus. S'il ne fallait plus en parler, parce qu'ils étaient rendus, alors ces mêmes effets restaient sans désignation ; et la fable du *premier et du dernier coucher* gagnait créance : en voici la preuve.

On lit dans le Journal des *Débats*, du 28 février 1820 :

« *M. Grandsire, secrétaire - général de*
» *l'Académie Royale de Musique, a reçu de*
» *S. A. R. Madame la Duchesse de Berry,*
» *une tabatière en or.*

La Gazette de France du 2 mars (article *Paris,* 1er. *mars* 1820), ajoute :

« *Les Journaux ont annoncé que M. Grand-*
» *sire, secrétaire de l'Administration de l'A-*
» *cadémie Royale de Musique, avait reçu une*
» *boîte d'or de S. A. R. Madame la Duchesse*

» *de Berry ; mais ils ont oublié d'ajouter que*
» *M. Grandsire a obtenu une pension de mille*
» *francs réversible sur la tête de sa femme.* »

La *Quotidienne*, du 3 mars (article *Paris, 2 mars*), confirme ce fait, et ajoute que la pension a été donnée *sans avoir été sollicitée.*

Le même journal du 1er. mars, sous la date, *Paris, 29 février*, s'exprime ainsi :

« *Nous apprenons que S. A. R. MONSIEUR,*
» *informée des soins empressés et du zèle sou-*
» *tenu que M. Favart, sous-inspecteur au*
» *théâtre de l'Opéra, et fils unique de l'auteur,*
» *qui a rendu ce nom célèbre, a déployé, de*
» *concert avec M. Grandsire, pendant la nuit*
» *du 13, s'est empressée de lui faire parvenir*
» *une marque de sa bienveillance.* »

Vous conviendrez, M. Grandsire, que la fable *du premier et du dernier coucher* a fait merveille : elle vous a mis au-dessus de M. Favart, dont le zèle et le royalisme purs et vrais nous sont bien connus. En voyant M. Favart paraître sous vos auspices, on dira aujourd'hui, avec peine, que la vérité nue est sous l'aîle de la fable. Mais, vous êtes modeste : car, dit la *Quotidienne*, vous n'avez point demandé de pension ; ainsi la fortune vous est venue en dormant. Mais avez-vous dit que le *dernier coucher* de Monseigneur le Duc de Berry était de votre invention ?

Loin de là, le 1er. mars, *la Relation historique des événemens funèbres de la nuit du 13 février* 1820, est annoncée dans le *Journal des Débats*, et mise en vente le 2 dudit mois. Vous avez lu comme moi la note de la page 12 de cet écrit, où *la fable du premier et du dernier coucher de Monseigneur le Duc de Berry*, est rapportée tout au long, extraite de l'*Indépendant* du 15 février, avec les corrections indiquées par vous dans votre lettre insérée, le 17 du même mois, au Journal des *Débats*. Cette brochure est à sa seconde et troisième édition. Avez-vous rectifié la note ? Non. Je vais donc intituler cet écrit, *véritable néant de l'intérieur de l'Opéra*, dans la nuit du 13 au 14 février 1820, jour de l'assassinat de Monseigneur le Duc de Berry.

Mais la vérité qui vous accuse de l'avoir trahie, Monsieur, ne nous fera pas le même reproche. M. Duriez, abreuvé d'amertume et de honte, pendant que vous êtes triomphant, reçoit la lettre suivante, que je copie fidèlement.

A monsieur Duriez, tapissier, rue Ra-
meau, n°. 6.

Aux Tuileries, le 23 février 1820. — Chambre
de Monsieur.

J'ai appris, Monsieur, que vous aviez
fourni plusieurs objets de votre magasin, au
moment de l'affreux événement arrivé à l'O-
péra le 13. Veuillez, je vous prie, me marquer
si quelqu'un de ces objets vous manque, et s'il
y en a qui soient dégradés ; je m'empresserai
de vous en faire remettre le montant.

Ch. DEVEZE,

Secrétaire de la Chambre de Monsieur, Pavillon Marsan, n. 86,
à midi.

RÉPONSE.

Paris, 26 février 1820.

Monsieur le Chevalier,

J'ai reçu la lettre que vous m'avez fait l'honneur de m'écrire le 23 de ce mois, relative aux
objets que j'ai fournis au moment de l'affreux
et cruel événement, arrivé à l'Opéra, le 13 du
même mois, à la personne Royale de notre bon

*et excellent Prince Monseigneur le Duc de
Berry.*

*Je me suis, Monsieur le Chevalier, pré-
senté deux fois, à midi, au pavillon de Marsan, pour avoir l'honneur de vous voir; mais
le suisse m'a refusé l'entrée, et c'est d'après ce
refus que je prens la liberté de vous écrire, en
vous adressant, et que vous trouverez ci-joint,
l'état des objets que vous me demandez.*

J'ai l'honneur d'être, etc.

DURIEZ.

Nous ignorons par qui monsieur le Chevalier Devese a été informé que M. Duriez avait
fourni des effets au Prince; mais M. Duriez
fut attristé, quand on lui écrivit pour lui
*faire remettre le montant des objets dégradés
ou perdus.* S'il eût pu parvenir aux Tuileries,
il eût dit tout ce qu'il pensait du contenu de la
lettre et de la fable de M. Grandsire; il eût
ajouté, en versant des larmes, qu'il avait presque été réduit à se repentir de sa bonne action;
que plusieurs personnes à qui il avait montré,
le lendemain, le lit funèbre qui est chez lui,
revenaient lui dire, en lisant les journaux et tous
les écrits du jour (remplis de la fable de M.
Grandsire): *Ah ! Monsieur Duriez, nous ne*

vous aurions pas cru capable de nous en imposer sur un fait aussi important. D'autres ajoutaient par bienveillance : *Cet homme a peut-être envoyé quelques matelas ; mais c'était porter de l'eau à la rivière. Si son coucher est entré, il sera resté bien loin du Prince, et le sang qui couvre les matelas qu'il nous étale, peut venir de là ou d'ailleurs. Tous les jours, un tapissier loue, vend ou échange des meubles.*

Dès les premiers jours, on conseillait à M. Duriez de réfuter dans les journaux la fable de M. Grandsire. *C'est le pot de terre contre le pot de fer,* dit-il. *Ces messieurs ont pour eux la renommée, le crédit et la puissance ; on ne m'écoutera pas. Si par hazard on insérait ma lettre, la calomnie, pour se venger, dirait alors que l'intérêt dicte ma réclamation. Enfin l'intrigue semble décidée à exploiter cette catastrophe à son profit.*

M. Duriez n'ayant pas pu parvenir à M. Deveze, avait résolu de tout abandonner et de tendre le dos aux coups de la fortune. Alors plusieurs voisins se réunirent ; ils engagèrent tous M. Duriez à venger au moins sa réputation.

J'allai voir le lit funèbre ; chacun parlait du

zéle du brave Duriez. Je l'écoutai long-temps raconter ce qu'il avait fait ; je lui adressai ensuite quelques observations : il y répondit avec justesse. Je résumai les faits. Alors, de concert avec ses voisins, il me pria de rédiger son exposé et sa réponse à M. le Secrétaire général de l'Académie royale de musique ; j'y consentis, mais il me fallait un certificat bien détaillé et authentique du médecin qui était venu chercher chez lui le coucher qu'il nous montrait ; non seulement il eut le certificat, mais, en ma présence, le lit fut reconnu par l'un des valets de pied qui l'avait emporté lui-même.

Pendant que je faisais copier toutes ces piéces, M. le Chevalier Deveze invite par écrit M. Duriez à passer *à son bureau, aux Tuileries, le lundi 6 mars* 1820. M. Duriez relit la lettre, qui lui fut écrite le 23 février, et prenant conseil sur ce qu'il doit faire, il s'est décidé à attendre que son certificat soit joint aux autres pièces, pour l'envoyer en même-temps à tous les membres de la famille royale ; afin que la vérité, trop long-temps arrêtée dans sa marche, arrive au but par cinq routes différentes.

Paris, le 3 mars 1820.   L. A. PITOU.

Confirmé ledit écrit contenant vérité, *Signé* DURIEZ.
Paris, le 4 mars 1820.

13 février 1820, onze heures 20 minutes du soir.

Intérieur de la salle de l'Opéra.

Les journaux publient que toutes les personnes qui ont été assez heureuses pour donner des soins à Monseigneur le duc de Berry, dans la fatale nuit du 13 au 14 février, ont reçu du Roi ou des Princes des témoignages de bienveillance. Je croyais avoir rendu quelques services dont je ne voulais pas parler, si ceux qui se sont mis en évidence, ne me forçaient à prendre mon rang de premier appelé et arrivé sans ambition comme sans intérêts.

Je me nomme Duriez, tapissier, rue Rameau, n⁰. 6, en face de M. Lacroix, l'un des membres de la Faculté, qui n'a pas quitté Monseigneur le duc de Berry dans la fatale nuit.

Le dimanche 13 février, j'arrivais de Versailles, à dix heures du soir : j'avais laissé chez moi mes parents pour consoler mon épouse attaquée d'un mal qui me navre de chagrins. A mon retour, notre réunion de famille resta auprès de la malade jusqu'à onze heures moins dix minutes que mon frère et son épouse se retirèrent chez eux. Ils passèrent devant le lieu de la catastrophe, au moment où le coup venait d'être porté; ils virent du mouvement. Ma belle-sœur, effrayée du bruit des chevaux et des voitures, força son mari de continuer son chemin, et ils partirent sans se douter de rien.

J'étais resté dans ma boutique avec ma fille, et nous nous entretenions du triste état de sa mère. A onze heures vingt minutes, on frappe à ma porte à coups redoublés: *Ouvrez, ouvrez vîte, mon chér Duriez! Il s'agit d'un objet important; ouvrez à votre voisin Lacroix!* Je reconnais la voix, j'ouvre à l'instant. M. Lacroix avait la mort dans le cœur et sur les lèvres; il me raconte l'événement en deux mots, et me dit: *Vîte! mon ami, des matelas, des draps, des traversins, un lit de sangle, de l'eau chaude et froide, et un sceau pour mettre les pieds.* A ce récit, ma fille tombe évanouie. Hors de moi et partagé entre le Prince, mon épouse et ma fille, je ne sais plus où trouver ce qu'on me demande; je cherche des matelas entre mes glaces; on voit mon trouble, et je ne sais quelle main me conduit à mon magasin. Je tire vîte deux matelas blancs, un traversin et des couvertures. Mon jeune apprenti est enlevé de dessus son lit de sangle : on prend ce lit. M. Lacroix monte à ma chambre;

ma pauvre femme oublie ses douleurs, retrouve des forces, et donne précipitamment les clefs de son armoire au docteur qui en tire des draps. Nous n'avions pas d'eau chaude, mais Mme. Duhamel, notre voisine, nous en apporte. Nous partons avec M. Lacroix et deux valets de pied des Princes, nommés Gérard et Féron. Je portais pour ma part un matelas et un traversin. J'arrivai avec tant de précipitation, que je heurtai, sans le vouloir, une personne abîmée dans la douleur ; j'ai vu depuis que c'était Madame d'Angoulême. Il était alors onze heures et demie (2) ; le Prince était gissant sur un carreau de canapé : ses cris étouffés retentissent encore dans mon cœur. *Ah ! que je souffre ! ah ! que la mort est longue à venir ?* .... En effet, l'auguste Victime devait bien souffrir, étant posée sur une couche si durement rembourée. On étend mon lit de sangle, mes matelas, mon traversin, mes draps ; on soulève le Prince et on le met dans ce lit. Je retourne chez moi chercher mon seau pour les pieds, je reviens de suite ; *il est vide, il nous faut de l'eau chaude,* me dit-on. L'eau chaude avait été apportée pendant que je faisais ma course, elle était là et personne ne la voyait. Ces premiers soins donnés, je voulus plusieurs fois m'éloigner, dans la crainte de gêner les médecins, la famille et les personnes qui s'empressaient autour du Prince. M. Lacroix m'enjoint de rester ; je ne pouvais supporter la vue de ce tableau déchirant. M. Lacroix ne me laisse partir qu'à trois heures du matin : mon épouse et ma fille m'attendaient avec impatience.

Je restai chez moi jusqu'à sept heures un quart du matin, 14 février ; le corps du Prince venait d'être porté au Louvre ; je monte à l'Administration réclamer mes effets ; deux jeunes personnes, à qui je m'adresse, paraissent étonnées de ma demande ; je donne l'état et j'indique la marque desdits effets. Après quelques quiproquos, on me présente un paquet contenant mes deux matelas roulés ensemble sur mon traversin ; en les déroulant, je reconnais ma marque, et je trouve au milieu un chapeau, qu'on me dit être celui de Monsieur, Comte d'Artois (3). Comme je rentrais chez moi, ce chapeau fut reporté aux Tuileries par l'ancien domestique de M. Persuis, qui est employé à l'Administration, depuis la mort de son maître.

On me rend de même mon lit de sangle ; il est couvert de sang comme mes matelas. Je réclame mes draps : on m'en rend d'abord un seul, dans un tel état, que je frémis en le touchant.

Je demande l'autre drap, on me répond qu'on ne le trouve pas, on ajoute qu'il couvre peut-être le corps du Prince qu'on vient de porter au Louvre (4), et qu'on le rendra plus tard. Je me retire en laissant une nouvelle copie générale de l'état des effets que j'ai prêtés, et en marquant ceux qui m'ont été remis. Au bout de huit jours on me renvoie mon drap, après l'avoir fait blanchir. Il me manque encore quelques objets de très-peu d'importance : mais enfin, ces objets me manquent. Je me trouvais riche et content de mon zèle ; et j'aurais fait l'abandon de toute autre chose plus considérable, si cet abandon eût été fait au Prince.

J'ai attendu depuis le 13, pour voir si je méritais que ceux qui se vantent de leur zèle avec tant de publicité, se souvinssent du pauvre Duriez qui était arrivé bien avant eux. J'ai agi, j'ai pleuré, sans ambition. Je n'ai parlé ni de mes services passés, ni de ma conduite dans la nuit funèbre qui désole la France. Hélas ! qui plus que moi peut conserver le souvenir de ce malheur ? Les matelas et le lit qui ont servi au Prince sont chez moi : ils sont empreints d'un bien lugubre témoignage.

Je sais que le Prince n'a pas été mis sur un autre lit que celui que j'ai porté moi-même : ainsi le lit, les matelats et les draps de Duriez, ont reçu le sang du duc de Berry. Si monsieur Grandsire eût été à l'Opéra , à onze heures du soir, M. Lacroix ne serait pas venu frapper chez moi avec tant de précipitation , et je n'aurais pas porté le lit sur lequel j'ai vu placer l'auguste Victime.

Loin de me remercier , l'Administration désire que je reste ignoré ; car elle m'a fait dire de ne parler dans ma réclamation que des objets qui ne s'étaient pas retrouvés chez elle après mes réclamations. J'ai répondu à ces observations, que, si d'autres comptaient s'approprier l'honneur et la récompense de ce que j'avais offert sans intérêt, je ne souffrirais pas qu'ils abusassent de la magnanimité de cette famille trop bonne, et trop souvent trompée.

Paris , 1ᵉʳ. Mars 1820.

DURIEZ.

La pièce suivante est claire, explicative, et ne laisse aucun doute.

Certificat du Docteur LACROIX-LACOMBE.

MOI, LOUIS LACROIX-LACOMBE, Docteur en Médecine de la Faculté de Paris, ancien Chirurgien - Major du régiment Dauphin-Infanterie, Chevalier de l'Ordre royal et militaire de la Légion d'Honneur, demeurant à Paris, rue Rameau, n°. 13, appelé dans la salle de l'Académie Royale de Musique, auprès de S. A. R. Monseigneur le Duc de Berry, à onze heures un quart du soir, 13 février 1820, peu d'instans après l'assassinat consommé sur la personne dudit Prince, soussigné, certifie, déclare sur ma conscience, sur l'honneur et la vérité, avoir la connaissance personnelle et particulière des faits ci-après relatés.

Messieurs les Docteurs Drogart et Blancheton étaient arrivés peu d'instans avant moi : je fus appelé en troisième, par un employé de l'Administration qui se rendit à mon domicile, à onze heures un quart.

J'accours de suite, et trouve le Prince assis sur un carreau de canapé, entre Messieurs Droguart et Blancheton. *Il nous faut un lit, un seau pour les pieds et de l'eau chaude et froide*, dis-je après un moment d'examen, *je vais procurer tout cela : que quelqu'un vienne avec moi!* Deux valets de pied des Princes, nommés Gerard et Féron, me suivent. Je vole, et frappe à coups redoublés à la porte d'un de mes voisins, nommé Duriez, tapissier, demeurant rue Rameau, n°. 6, en face de la maison où je loge. Ce brave homme, dont je connais depuis longtemps les principes d'honneur, la moralité, et l'attachement particulier à la Maison de Bourbon, ouvre à l'instant. Je lui fais part de ma mission ; sa demoiselle tombe évanouie ; il se trouble également : je le rappelle à lui-même. A l'instant son jeune apprenti est renversé par terre de dessus son lit de sangle; on prend ce lit ; Duriez tire de son magasin deux matelas, un traversin, deux couvertures; je monte dans la chambre de ma-

dame

dame Duriez, qui, épuisée de souffrances, oublie ses douleurs, et me donne promptement la clef de son armoire. J'en tire deux grands draps, que je porte moi-même ; nous partons tous, sur-le-champ, chargés chacun d'une partie du coucher. Une personne attachée au Prince, (M. Raymond), et qui n'a pas quitté la chambre, m'aide à faire le lit que je viens d'apporter. Nous soulevons le Prince, et le mettons dans ce lit. Peu d'instans après, on nous apporte, de chez le Docteur Blancheton, un troisième matelas à carreau. Comme nous avions besoin d'élever la tête du Prince, au bout de quelque temps on voulut passer sous les matelas un lit de plume, roulé et cordé : il nous gênait, je l'ôtai moi-même, et le fis ranger dans un coin : je ne sais à qui il appartenait, mais il ne nous servit pas.

Trois matelas seulement ont servi au Prince. Les deux premiers étaient à M. Duriez, et le troisième à M. Blancheton. Nous

les avons retournés alternativement : la première fois, entre deux et trois heures du
matin, lorsque la violence du mal et des
opérations eurent fait éprouver au Prince
des besoins naturels. Une chaise nous a
servi constamment à passer sous les matelas, pour tenir le malade sur son séant.
La quantité de sang sortie de la plaie, et
obtenue par les saignées au bras, peut avoir
taché d'autres linges ou effets qui nous auraient été apportés après coup, mais dont
nous ne nous sommes pas servis.

Le lit de sangle, les deux draps, les
deux matelas, le traversin, appartenants à
M. Duriez ; plus, un troisième matelas ap-
partenant à M. Blancheton, est tout ce qui
a composé le coucher du malheureux duc
de Berry.

Je, soussigné, certifie, garantis la vérité
de tous ces faits, dont la connaissance
m'est personnelle et particulière, attendu
que, depuis le moment où je suis arrivé, et
où j'ai fait moi-même, au Prince, le lit que

je venais de faire apporter, je n'ai pas quitté S. A. R., pendant quarante heures que
j'ai été de service ; qu'après avoir reçu
le dernier soupir du Prince, j'ai accompagné le corps au Louvre, où il a été déposé, suivant les procès-verbaux dûment
authentiques.

Fait à Paris, le 8 mars 1820.

Signé LA CROIX-LACOMBE.

———

Voilà toute la vérité sans déguisement. Depuis
que M. *Hapdé* a publié la troisième édition de
l'ouvrage que nous avons souvent cité, on a fait
de vive voix plusieurs invitations à M. *Duriez*,
pour l'engager à se rendre aux *Tuileries*, auprès
de M. le Chevalier de Veze. M. *Duriez* a répondu
qu'*il irait en temps et lieu*. Le Roi et les Princes
approuveront les motifs secrets de cette réponse,
et M. Durier la détaillera plus tard s'il est nécessaire. On dit que je lui ai donné le conseil de se
conduire comme il a fait : on a raison.

Depuis un mois, M. Grandsire pouvait se donner
le mérite de publier dans les journaux, qu'*il a été*

aveuglé par son zèle, mais qu'il doit à la vérité de rectifier l'honneur qu'on lui a fait d'avoir fourni le dernier coucher du Prince dans la nuit du 13 février, que cet avantage est dû à MM. Blanchelon et Duriez, et alors je n'aurais pas présenté au Roi le contraste du *brave Molette* avec M. Grandsire.

L.-A. PITOU.

P. S. Le caractère typographique ne pouvant pas constater l'authenticité des pièces livrées à l'impression, cinq copies originales des certificats et autres exposés, ont été faites et remises le 18 mars 1820, dans l'ordre suivant :

La première, jointe à un exemplaire imprimé, à S. M. Louis XVIII, par une main sûre et fidelle ;

La deuxième, à S. A. R. Monsieur ;

La troisième, à S. A. R. Madame, duchesse d'Angoulême ;

La quatrième, à S. A. R. Monseigneur duc d'Angoulême;

La cinquième, à M. le comte de Nantouillet, pour l'auguste Veuve.

Les personnes qui ont l'honneur d'approcher le Roi et les Princes, ont également reçu des exemplaires dudit ouvrage.

A la sollicitation des voisins du brave Duriez, j'ai été forcé de publier cet écrit, plutôt que je ne le voulais. Je retardais, comptant toujours qu'une heureuse inspiration, venue à M. Grandsire, nous éviterait la peine de lui adresser des vérités dures. Les précautions qu'il avait prises en rendant les effets à M. Duriez, dispensaient ce dernier de donner d'autres avis directs à M. le Secrétaire général de l'Opéra ; mais les avis, parvenus depuis peu à M. Grandsire, nous ont convaincus que , s'appuyant sur notre timidité et sur notre silence , il persistait dans son erreur volontaire.

Alors j'ai été invité, à plusieurs reprises, à publier ce qui était imprimé de cet ouvrage; plus du tiers du manuscrit est encore entre les mains des compositeurs.

Cette suite sera donnée sans retard , gratuitement et de droit à toutes les personnes qui voudront bien la réclamer auprès de Duriez , rue Rameau , n°. 6 ; ou rue de Lully , n°. 1er., chez L.-A. Pilou.

Le prix de cet ouvrage est fixé invariablement à une livre cinq sols , ou 1 fr. 25 centimes ; et à une livre dix sols , ou 1 fr. 50 centimes, port franc , pour toute la France.

L.-A. P.

NOTES.

(1) Le résumé sur PIERRE MOLETTE, est extrait d'un ouvrage intitulé: *une Vie orageuse et des Matériaux pour
l'Histoire*. Les trois premiers volumes in–8°. de 400 pages
chacun sont achevés, et paraîtront les 10 et 20 avril, et 1er.
mai 1820, et même plutôt. Le prix est de 5 francs le volume.
On s'adresse *rue de Lully, n°. 1, derrière l'Opéra, chez
Louis-Ange Pitou, Libraire de son Altesse Royale
Madame la Duchesse d'Orléans* ; chez *MM. Lenor-
mant, H. Nicolle, Libraires rue de Seine, Goujon,
rue du Bacq*, et chez tous les Libraires du Palais-
Royal et *des départemens*.

(2) Ces événemens s'étaient passés si rapidement, et on
avait tant de motifs d'en garder le silence, qu'on les igno-
rait même sur le théâtre de l'Opéra. Ainsi le second acte
du ballet n'était point interrompu ; les sons animés de la
musique et les rebonds des danseurs faisaient trembler la
loge ; les gémissemens du Prince étaient étouffés , pendant que les danses s'exécutaient à loisir. A travers un large
carreau de vître de la loge, ceux qui entouraient la Victime
étaient forcés de voir les pantomimes, de concentrer leurs
angoisses, et de n'oser presque invoquer du secours pour
un fils de France luttant contre la mort. (*Extrait de la
Relation historique*.)

(3) Madame Roullet, Ouvreuse de la loge de S. A. R.
passa la nuit entière tantôt à genoux auprès de la cheminée,
tantôt occupée à faire chauffer les compresses et à préparer

quelques remèdes ; mais le trouble était si grand, que tout manquait : on ne trouvait même pas d'éther à la pharmacie. Rien ne peint mieux l'accablement que le chapeau de Monsieur Comte d'Artois , oublié par ce Prince. Le Roi, hors de lui-même, avait également oublié le sien : il lui fut remis en sortant par Madame Roullet. Le mari de cette dame a secondé le zèle de son épouse. l'Auteur de la *Relation historique* que j'ai citée, annonce que S.M.vient de récompenser par une pension , le dévouement de ces deux personnes. Bien sûrement le Roi ne connaît pas ce qu'a fait Monsieur Duriez dans cette nuit , et la vérité est un tribut que l'homme d'honneur doit au père de la France.

(4) Le 14 février 1820, à sept heures du matin, le corps du Prince couvert d'un seul drap, fut posé sur trois coussins rangés sur une planche ; le valet de chambre de S. A. R. et M^r. le Docteur Lacroix - Lacombe , accompagnaient ces précieux restes. La planche se trouvant trop longue , le corps fut mis en travers dans la voiture , la tête placée du côté des chevaux , et les pieds du côté du fond.

M. Lacroix et le premier valet de chambre du Prince montèrent dans cette même voiture, et la Victime arriva au Louvre , dont toutes les issues furent fermées à l'instant même. A sept heures , Monsieur le Marquis d'Autichamp , gouverneur de ce palais, ne sachant rien de l'événement, était à peine levé, que le funèbre cortége était en bas : MM. le comte de Pradel et le marquis de Dreux-de-Brézé montent derrière le domestique de M. d'Autichamp , qui, en ouvrant la porte de la chambre, n'a que le temps de dire, *hélas! monsieur, une affreuse nouvelle! Monseigneur le Duc de Berry....:* Messieurs le comte de Pradel et le marquis de Dreux-de-Brézé sont annoncés et achevent le reste de la phrase: « *le corps de Monseigneur le Duc de Berry assassiné hier soir à l'Opéra, comme son ayeul Henry IV, dans la rue de la Féronnerie, arrive au Louvre, pour être exposé dans la même chambre.* On descend le corps du Prince, on le dépose dans le local provisoire donné par monsieur d'Autichamp, aussi interdit qu'effrayé. On l'entoure: des prêtres de St.-Germain-l'Auxerrois arrivent à l'instant. On prépare la chapelle ardente, destinée au Prince, où il sera exposé après l'enregistrement de l'acte mortuaire, la confrontation de l'assassin, et l'autopsie (ouverture) du corps de S. A. Royale, faite le mardi 15 février 1820 à quatre heures de relevée, (Extrait de la *Relation historique*, 3me. Edition.)

Extrait des registres de l'Etat-Civil de la Maison du Roi.

Du lundi quatorzième jour de février, l'an 1820, à midi et demi.

Acte de décès de très-Haut et très-Puissant Prince Charles-Ferdinand d'Artois, Duc de Berry, fils de France, Colonel - Général des Chasseurs et Chevau-lègers-Lanciers, né à Versailles le 24 janvier 1778 : de très-Haut et très-Puissant Prince Charles-Philippe de France, Monsieur, frère du Roi, et de très-Haute et très-Puissante Princesse, Marie-Thérèse de Savoie, Princesse de Sardaigne, son épouse ; marié le 17 juin 1816, à très-Haute et très-Puissante Princesse Caroline-Ferdinande-Louise, Princesse des Deux-Siciles ; décédé ce jourd'hui, à six heures et demie du matin, victime d'un attentat commis sur sa Personne, hier, à onze heures moins dix minutes du soir, au moment où il sortait avec la Princesse, son épouse, d'un spectacle donné à l'Académie royale de musique.

Le présent acte dressé par nous Charles-Henri d'Ambray, Président de la Chambre des Pairs, Chevalier, Chancelier de France, et Commandeur des ordres du Roi, remplissant, aux termes de l'Ordonnance de S. Majesté, du 28 mars 1816, les fonctions d'officier de l'Etat-Civil de la Maison Royale, accompagné de Charles-Louis Huguet, Marquis de Sémonville, pair de France, Grand Référendaire de la Chambre des Pairs, et de Louis-François Cauchy, Garde des Archives de ladite Chambre, et à ce titre, dépositaire des registres dudit Etat Civil.

En présence, 1°. d'Elie Comte Decazes, Pair de France, Ministre de l'Intérieur, Président du Conseil des Ministres, et en cette dernière qualité, tenant, à défaut du Ministre de la Maison du Roi, les registres de l'Etat-Civil de la Maison Royale, accompagné de Jules-Jean-Baptiste-François de Chardcbœuf, Comte de Pradel, Directeur général du Ministère de la Maison du Roi; 2° De Henri Evrard de Dreux, Marquis de Brézé, Pair de France, Grand-Maître des cérémonies de France.

Sur la déclaration à nous faite, par Marie-Victor-Nicolas Defay, marquis de Latour-Maubourg, Pair de France, Ministre de la guerre, âgé de 51 ans, demeurant à l'hôtel du Ministère de la guerre; et par Edouard, Duc de Fitz-James, Pair de France, Premier gentilhomme de la Chambre de Monsieur, âgé dé 44 ans, demeurant rue de Bourgogne, n° 34 : lesquels instruits de l'affreux événement dont le Prince a été victime, se sont rendus de suite auprès de sa Personne, et y sont restés jusqu'au moment de son décès.

Fait à Paris, au château du Louvre, où nous nous sommes transportés en vertu d'ordres du Roi, et où le corps du Prince, placé dans une des salles dudit Château, nous a été présenté par Alexandre-Marie-Louis-Charles l'Allemant, Comte de Nantouillet, Lieutenat - général des armées du Roi, premier Ecuyer de Monseigneur le Duc de Berry, faisant les fonctions de Premier gentil-homme de sa Chambre ; et ont, toutes les personnes ci-dessus dénommées, signé avec nous, après lecture faite.

Signé, le Comte *Decazes*, le Comte de *Pradel*, le marquis de *Dreux-Bréze*, le Marquis *Victor de Latour-Maubourg*, *Dambray*, le Marquis de *Sémonville*, *Cauchy*.

15 février 1820.

Confrontation de l'assassin sur le corps de la Victime.

M. le Procureur du Roi s'est transporté au Louvre, assisté de M. *Bourguignon*, avocat du Roi, et de MM. Lefèvre et Grandet, juges provisoires d'instruction, à l'effet de confronter Louvel avec le corps de l'auguste Défunt. Cet acte avait deux objets, de constater le corps du délit, et d'obtenir quelques aveux de l'assassin. La salle où le corps se trouve déposé, était remplie des personnes les plus distinguées de la Cour, toutes fondant en larmes. Louvel lui seul avait l'œil sec. On a découvert devant lui le corps sanglant de la Victime. Monsieur Grandet lui a demandé :

DEM. *Reconnoissez-vous cette blessure ?*

RÉP. Oui ; c'est moi qui l'ai faite.

Dem. *Au nom des loix divines et humaines, de votre salut éternel; au nom du Prince qui, jusqu'à son dernier soupir a demandé la grâce de son assassin, je vous somme de nommer vos complices.*

Rép. Je n'en ai aucun.

Dem. *Qui vous a suggéré l'idée de cet effroyable attentat?*

Rép. Le désir de donner une leçon aux Grands: les Bourbons sont nos ennemis; et je les traite comme tels.

On a remarqué sur le visage et dans les traits de l'assassin, un caractère sombre et farouche. Après son interrogatoire, il a été reconduit à la Conciergerie.

————

L'ouverture du corps du Prince a été faite ensuite le même jour, 15 février 1820, à quatre heures après-midi, sur la réquisition de M. le Procureur du Roi, par messieurs les docteurs *Dupuytrin*, *Bougon*, *Baron*, en présence de messieurs le comte de *Nantouillet*, le comte *Dreux-de-Brézé*, le marquis *d'Autichamp*, et de messieurs *Portal*, premier médecin du Roi, *Hallé*, premier médecin de Monsieur, et de tous les médecins et chirurgiens qui ont donné des soins au Prince dans la fatale *nuit*.

Autopsie du corps de feu S. A. R., le mardi 15 février, à quatre heures après midi, au Louvre.

Appelés pour procéder à l'ouverture du corps de S. A. R., les hommes de l'art ont *observé*:

1°. A l'extérieur, une plaie de deux pouces à la partie supérieure et latérale droite de la poitrine; cette plaie, primitivement d'un pouce, avait été agrandie par le *dé-bridement*;

2°. Plus profondément, une ouverture au cinquième espace *intercostal*;

3°. La partie inférieure du poumon droit traversée;

4°. Le *péricarde* percé, contenait une once et demie de sang coagulé et non coagulé;

5°. Deux ouvertures correspondantes à l'oreillette du cœur;

6°. Une piqûre à la superficie du centre *aponévrotique* du *diaphragme*, où le poignard s'était arrêté.

La poitrine contenait deux livres de sang.

Toutes les dimensions d'un instrument qui a été présenté, long de six pouces, plat sur ces deux faces opposées, tranchant des deux côtés, très-aigu, parurent s'accorder avec toutes les *dimensions* de la plaie.

Ainsi le poignard a été dirigé obliquement de dehors en dedans, et d'avant en arrière: il est entré tout entier dans la poitrine.

*(Cette note nous a été transmise par le docteur Drogart, présent à l'*Autopsie*.)*

FIN.

ADDITION

AU VÉRITABLE DERNIER COUCHER DE MONSEIGNEUR LE
DUC DE BERRY.

Avant la publication de l'écrit du *Véritable
Dernier Coucher*, on avait invité M. Duriez à
se rendre aux Tuileries, chez M. D...

Le 18 mars, les pièces authentiques, jointes
à l'imprimé, sont adressées à la Famille Royale:
le 20, à trois heures après midi, le secrétaire
de la chambre de Monsieur, porteur d'un
ordre de ce Prince, se présente chez M. le
docteur Lacroix, y fait appeler M. Duriez,
et lui demande, au nom de Monsieur, *le
Véritable Dernier Coucher du Martyr du* 13
février 1820. J'étais absent: M. Duriez observe
qu'il ne peut livrer le *traversin*, parce qu'il
me l'a cédé par un acte du premier mars,
dont je suis porteur. On insiste : il cède, et
réclame une reconnaissance qui constate qu'il
n'a point offert le *Coucher* qu'on vient demander, et qu'il a fait les réserves pour M. Pitou,
qui se trouve absent.

On enlève le *Coucher* de chez lui , en présence de M. Lacroix , après lui avoir promis le reçu tel qu'il le demande : mais comme cette pièce était un démenti formel donné à M. Grandsire , le lendemain , M. le secrétaire de la chambre de Monsieur adresse à M. Lacroix un récépissé du *Coucher* , comme reçu des mains dudit docteur ; tandis que le lit a été cédé par M. Duriez , et enlevé de chez lui en présence de M. le docteur Lacroix , venu, à cet effet , pour constater la vérité de son certificat du 8 mars 1820 (1).

M. Duriez et moi attendîmes pendant huit jours le reçu qui avait été promis. Le 30 mars, je rédigeai , au nom de M. Duriez et au mien, une requête (procès - verbal) de l'enlèvement du *Coucher*. Cinq copies de cet écrit furent faites et adressées au Roi et aux Princes , qui avaient reçu les pièces originales du *Véritable Dernier Coucher*. Dans les premiers jours d'avril, je fis des démarches auprès des personnes qui pouvaient nous faire donner le reçu

---

(1) On trouvera la copie de cette pièce dans *le Trône du Martyr du* 13 *février* 1820 , qui fait suite au *Véritable Dernier Coucher de Monseigneur le duc de Berry.*

(3)

qui nous avait été promis : il me fut répondu,
que pour l'article du *traversin*, c'était à M. Duriez à s'entendre avec moi. Le *Coucher* a été
enlevé ; il est chez le père du Martyr : nous
n'avons point de reçu. M. Duriez attend,
comme moi, une réponse. Il n'a pas dépendu
de lui de me conserver le *traversin* qu'il a ré-
clamé pour moi : c'est ce qu'il certifie. Qu'on
explique ce silence comme on pourra : voilà
toute la vérité.

Je suis convaincu, comme M. Duriez, que
ni le Roi, ni les Princes, ni les personnes
particulièrement honorées de leur confiance,
ne se doutent du silence qu'on garde à notre
égard : il est vrai que sans l'écrit du *Véritable
Dernier Coucher*, on ne saurait pas où était
le Trône du Martyr du 13 février ; qu'on
avait appelé M. Duriez, le 6 mars, pour lui
compter *cent écus*, et laisser adopter, par
l'histoire, comme vérité, le rapprochement
fabuleux, fait par *M. Grandsire, du Premier
et du Dernier Coucher fourni par lui au
Prince.*

Le silence est le meilleur moyen de traiter
de *momerie* l'idée d'un monument indiqué par
la religion dans le *Véritable Dernier Coucher ou Trône du Martyr du 13 février* 1820.

(4)

On m'a renvoyé à M. Duriez pour mon *tra-versin* : d'après cette réponse, comme M. Du-riez n'a pas plus de reçu du *Coucher* que moi, nous attendons au moins cette pièce depuis le 20 mars jusqu'à ce jour, 1er. mai 1820.

Ce long silence ne peut venir de la diffi-culté de juger la question ; car tout se réduit à ce point de fait et de droit naturel : L'erreur volontaire, surprise lorsqu'elle met un mou-choir sur la bouche de la vérité, et des en-traves à ses pieds, est-elle digne de récom-pense ou de blâme ?

M. Grandsire, dans un écrit intitulé : *Rela-lation historique*, répète de nouveau, le 30 mars 1820, *qu'il a fourni le Premier et Der-nier Coucher de Monseigneur le duc de Bérry, à Cherbourg et à l'Opéra* : voilà bien l'erreur volontaire qui met un mouchoir sur la bouche de la vérité qui s'exprime contra-dictoirement à ce dire dans le certificat de M. le docteur Lacroix.

Mais l'écrivain qui copie d'abord le texte de M. Grandsire, sans y joindre de notes, peut-il intituler son récit : *Historique ?*

Conduit à la source de la vérité, il promit à MM. Duriez et Lacroix de restituer à chacun son lot dans l'édition de son ouvrage qui est sous presse : cette édition paraît ; une autre la suit : et dans un renvoi , sans indication , M. Duriez *n'a fourni qu'un lit de sangle.*

Le 18 mars, *le Véritable Dernier Coucher* est parvenu au Roi et à la Famille Royale : d'après cet écrit , le 20 du même mois, le lit est demandé à M. Duriez , par Monsieur , comte d'Artois.

Le 30 mars 1820 , parut une nouvelle édition de la *Relation historique.* A la suite de la note , confirmée de nouveau par M. Grandsire , on lit ces mots :

Une réclamation s'est élevée relativement à ce Coucher. Voyez les notes supplémentaires.

Dans ce *supplément* , l'auteur n'oublie pas le *zèle* de M. le secrétaire-général de l'Opéra ; et comme le certificat de M. le docteur Lacroix contredit ce *zèle* pour le *Coucher* , l'auteur de la *Relation* , qui n'est rien moins qu'*historique* dans ce passage , analyse ce certificat à sa manière. Il nous fait dire : *M. Duriez déclare aujourd'hui que c'est lui seul qui a fourni le Dernier Coucher du Prince.* Nous n'avons jamais dit cela ; nous soutenons seulement , d'après M. *Lacroix* , que M. Grandsire n'a rien fourni de ce *Dernier Coucher* , et que

M. Blancheton partage cet honneur avec nous : voilà le niveau de la vérité.

L'auteur convient que M. Lacroix l'a mené chez M. Duriez, où il a vu le *Dernier Coucher du Prince;* il est allé ensuite chez M. Grandsire, qui lui a montré un *traversin imprégné de sang, et deux matelas dont la toile était nouvellement blanchie* : il en conclut que tous ces effets ont été mêlés et qu'ils ont *servi successivement au Prince.* Que cette conclusion, prise après coup, vienne du rédacteur de la *Relation*, ou de M. Grandsire, elle est si conforme au texte du récépissé du *Coucher* qui devait nous être adressé, et qui a été envoyé à M. le docteur Lacroix, que, sans deviner le reste, nous nous en tenons au texte du certificat de M. le docteur Lacroix, qui dit positivement que M. Grandsire *n'a rien fourni du dernier Coucher du Prince.*

Le *Coucher* fourni par M. Duriez était si bien reconnu pour être le *véritable*, que la personne qui se présenta pour empêcher que la vérité ne perçât, avait annoncé d'avance que le Gouvernement réclamerait ce monument, et que M. Duriez ne le garderait pas.

Ce nouveau retour de mélange et *d'échange alternatif des matelas*, expédient de l'au-

teur de la *Relation*, devient une contradic-
tion au texte positif de M. Grandsire, qui dit
que *le Prince a rendu le dernier soupir sur
les matelas appartenans à lui secrétaire-général de l'Opéra.*

Si les *matelas* de M. Grandsire, comme ceux
de M. Duriez, ont servi *successivement*, sur lesquels était le Prince en mourant? M. Grandsire
persiste-t-il à dire que c'était sur les siens? Il
convient alors, par le *successivement* qui lui
est si nécessaire, qu'il n'est arrivé qu'après
M. Duriez, et ne s'est présenté que lorsque le
lit, apporté par M. Duriez, était fait, et le
Prince mis dedans. Mais le certificat de M. le
docteur Lacroix contredit positivement la res-
source du *successivement* de M. Grandsire ou
de son interprète.

Les amis de M. Grandsire, qui nous prêchent
aujourd'hui le désintéressement, nous propo-
seront-ils pour modèle M. le secrétaire-général
de l'Opéra? Si ces messieurs avaient été pré-
sens chez M. Duriez, au moment où le *Coucher* fut cédé, ils auraient entendu les indis-
crets de la Cour dire, en emportant de chez
nous *ce précieux monument*, pour lequel ils
promettaient tout ce qu'on demandait : *Com-
ment ce que nous voyons est-il possible ?*

Hier, encore, ce monsieur, peu content de la boîte d'or, de la pension, etc. , envoyait une réclamation pour des serviettes qui lui manquaient, disait-il.

Que demandons-nous ? Un certificat conforme à la requête (procès-verbal) de l'enlévement du *Coucher,* mémoire que nous avons eu l'honneur d'adresser à la Famille Royale, le 30 mars 1820. C'est à nos frais et par nos soins que la vérité est débarrassée de ses entraves : doit-elle être punie par le silence et l'oubli, ou dédommagée aux dépends de l'erreur volontaire ?...

www.ingramcontent.com/pod-product-compliance
Lightning Source LLC
Chambersburg PA
CBHW051129050726
47594CB00003B/1009